오늘부터 참여합니다.

_____ 년   월   일

_____

나와 세상을 바꾸는 참여의 힘

정치 명언 필사

CONTENTS

사려 깊고 헌신적인 시민들로	– 마거릿 미드	6
시민으로서 우리 모두는	– 주제 사라마구	8
권력에 대한 사랑은	– 새뮤얼 애덤스	10
투쟁이 없다면	– 프레드릭 더글러스	12
민주주의는 정적인 상태가	– 윌리엄 헨리 해스티	14
누구도 훌륭한 시민으로	– 코피 아난	16
민주주의의 시민으로서	– 애들레이 유잉 스티븐슨 2세	18
독재자를 막는 것에는	– 마거릿 대처	20
세상에는 자비를	– 프레데릭 윌리엄 로버트슨	22
인간은 짓밟는 자는	– 시몬 베유	24
개인에게서 광기를	– 프리드리히 니체	26
역사를 통틀어	– 하일레 셀라시에	28
세상이 침묵할 때	– 말랄라 유사프자이	30
우리는 편을 들어야	– 엘리 비젤	32
세상은 악을 행하는	– 알베르트 아인슈타인	34
악은 무관심 위에서	– 한나 아렌트	36
우리는 수많은 크고 작은	– 록산 게이	38
불의를 보고도	– 지네타 세이건	40
악의 승리를 위해	– 에드먼드 버크	42
정의란 옳고 그름 사이에서	– 시어도어 루스벨트	44
권력에 대한 견제가 없고	– 존 로버트 루이스	46
지연된 정의는	– 윌리엄 이워트 글래드스턴	48
결국 용기란 두려움을	– 제임스 레너드 파머 주니어	50
용기는 모든 미덕 중에서	– 마야 안젤루	52
나는 어려움 속에서도	– 토머스 페인	54
자유란 그것을 수호할	– 페리클레스	56
나는 내가 바꿀 수 없다는	– 안젤라 이본 데이비스	58
나 혼자서는 세상을	– 테레사 수녀	60
행동하는 것	– 제인 구달	62
나 자신을 해방하면	– 패니 루 해머	64

☐	우리 힘의 유일하고 −레흐 바웬사	66
☐	혼자라면 할 수 있는 −헬렌 켈러	68
☐	당신이 소중하게 여기는 −루스 베이더 긴즈버그	70
☐	당신이 유일무이하다는 것을 −리처드 벅민스터 풀러	72
☐	중요한 것은 행동이지 −마하트마 간디	74
☐	당신이 무언가를 믿는다면 −브래드 멜처	76
☐	활동가는 강이 더럽다고 −헨리 로스 페로	78
☐	우리 삶의 진짜 적은 −헨리 나우웬	80
☐	모두가 세상을 −레프 톨스토이	82
☐	변화는 사람들이 −게일 브래드브룩	84
☐	폭력은 무능한 −아이작 아시모프	86
☐	나는 도덕적인 이유가 −아웅 산 수 치	88
☐	당신은 나라가 당신을 위해 −칼릴 지브란	90
☐	팔짱을 끼고 뒤로 −아돌포 페레스 에스키벨	92
☐	희망에게는 두 명의 −성 아우구스티누스	94
☐	정의는 양심 −알렉산드르 솔제니친	96
☐	모든 국가는 −조제프 드 메스트르	98
☐	민주주의에서 −존 F 케네디	100
☐	정치에 관심을 −랠프 네이더	102
☐	모든 독재자가 −허버트 후버	104
☐	인간의 진보는 −마틴 루터 킹 주니어	106
☐	우리가 알고 있는 −엘리자베스 퀴블러 로스	108
☐	그럼에도 불구하고 −윌리엄 그라이더	110
☐	우리 민주주의에서 −루이스 브랜다이스	112
☐	화해에는 정의가 −코라손 아키노	114
☐	자유롭고 자존심이 −바츨라프 하벨	116
☐	투표하지 않으면 −돌로레스 후에르타	118
☐	투표용지는 −에이브러햄 링컨	120
☐	민주주의가 작동하려면 −루이스 라무르	122
☐	어느 날 돌이켜보면 −지크문트 프로이트	124

사려 깊고 헌신적인 시민들로 구성된 소수의 집단이 세상을 바꿀 수 있다는 사실을 결코 의심하지 마라.
사실, 그것만이 세상을 바꾼 유일한 것이다.
– 마거릿 미드

Never doubt that a small group of thoughtful, committed citizens can change the world; indeed, it's the only thing that ever has.
- *Margaret Mead*

마거릿 미드(Margaret Mead, 1901~1978)
인간의 본성과 문화의 다양성을 탐구하고 문화와 사회가 인간 행동에 끼치는 영향을 연구한 미국의 문화 인류학자.

시민으로서 우리 모두는 개입하고 참여할 의무가 있다.
변화를 일으키는 것은 시민이다.

- 주제 사라마구

As citizens, we all have an obligation to intervene and become
involved. It's the citizen who changes things.
- José Saramago

주제 사라마구(José Saramago, 1922~2010)
노벨문학상(1998)을 수상한 포르투갈의 작가. 현실과 비현실을 넘나들며 현대 사회의 시민의식과 민
주주의의 본질을 비판적으로 탐구하는 작품을 썼다.

권력에 대한 사랑은 돈에 대한 사랑과 마찬가지로 소유할수록 커진다. 그리고 우리는 이러한 사악한 욕정이 풀려나 통제 불능으로 맹렬해졌을 때 어느 시대에나 인간 사회가 어떻게 파멸했는지 알고 있다. 고결한 시민들의 지켜보는 눈만큼 통제력이 강한 것은 없다.

– 새뮤얼 애덤스

The love of power, like the love of money, increases with the possession of it; and we know in what ruin these baneful passions have involved human societies in all ages when they have been let loose and suffered to rage uncontrolled. There is no restraint like the pervading eye of the virtuous citizens.

- *Samuel Adams*

새뮤얼 애덤스(Samuel Adams, 1722~1803)
미국 건국의 아버지 중 한 명이자 미국 독립 혁명 운동의 지도자, 정치 철학자.

투쟁이 없다면 진보도 없다. 자유를 지지한다고 공언하면서도 시위를 헐뜯는 사람들은 땅을 갈지 않고 작물을 원하는 사람들이다. 그들은 천둥과 번개가 없는 비를 원한다. 그들은 거대한 물의 엄청난 포효가 없는 바다를 원한다. 이 투쟁은 도덕적 투쟁일 수도 있고, 육체적 투쟁일 수도 있다. 또는 도덕적이면서도 육체적일 수도 있다. 하지만 그것은 투쟁이어야 한다.

– 프레드릭 더글러스

If there is no struggle, there is no progress. Those who profess to favor freedom, and yet depreciate agitation, are men who want crops without plowing up the ground. They want rain without thunder and lightning. They want the ocean without the awful roar of its mighty waters. This struggle may be a moral one; or it may be a physical one; or it may be both moral and physical; but it must be a struggle.
- *Frederick Douglas*

프레드릭 더글라스(Frederick Douglas, 1817~1895)
미국의 사회개혁가, 인권운동가. 노예제도 폐지와 여성의 참정권을 위한 운동을 했다.

민주주의는 정적인 상태가 아니라 과정입니다. 그것은 존재하는 것이 아니라 되어가는 것입니다. 민주주의는 쉽게 상실될 수 있지만, 결코 완전히 획득되지는 않습니다. 민주주의의 본질은 영원한 투쟁입니다.

– 윌리엄 헨리 해스티

Democracy is a process, not a static condition. It is becoming, rather than being. It can easily be lost, but never is fully won. Its essence is eternal struggle.
- *William Henry Hastie*

윌리엄 헨리 해스티(William Henry Hastie, 1904~1976)
미국의 연방 판사. 연방 법원 최초의 아프리카계 미국인 판사이며 인종 평등과 시민권을 위한 투쟁을 하였다.

누구도 훌륭한 시민으로 태어나지 않는다. 어떤 국가도 민주주의로 탄생하지 않는다. 오히려 둘 다 평생 계속해서 진화하는 과정이다.

– 코피 아난

No one is born a good citizen; no nation is born a democracy. Rather, both are processes that continue to evolve over a lifetime.
- *Kofi Annan*

코피 아난(Kofi Annan, 1938~2018)
가나의 정치인, 외교관으로 제7대 UN 사무총장을 역임했다. 가나 최초의 노벨평화상(2001) 수상자이다.

민주주의의 시민으로서 여러분은 통치자이자 통치받는
자, 입법자이자 법을 준수하는 자이며, 시작이자 끝입니다.
– 애들레이 유잉 스티븐슨 2세

As citizens of this democracy, you are the rulers and the ruled,
the law-givers and the law-abiding, the beginning and the end.
- *Adlai Ewing Stevenson II*

애들레이 유잉 스티븐슨 2세(Adlai Ewing Stevenson II, 1900~1965)
미국의 정치인이자 외교관. 아이젠하워를 상대로 두 번의 대통령 선거에서 참패하였으나 냉전 시대
UN 주재 미국 대사로서 평화를 위해 힘썼다.

독재자를 막는 것에는 항상 위험이 따른다. 하지만 독재자를 막지 않으면 더 큰 위험이 따른다.

– 마거릿 대처

When you stop a dictator, there are always risks. But there are greater risks in not stopping a dictator.
- *Margaret Thatcher*

마거릿 대처(Margaret Thatcher, 1925~2013)
'철의 여인'이라는 별칭으로 잘 알려진 영국의 총리. 영국 최초의 여성 총리이며 격동의 시기에 강인한 리더십으로 영국을 이끌어 오늘날 영국 역사에서 중요한 정치가 중 한 명으로 평가받는다.

세상에는 자비를 받을 자격이 없는 세 가지가 있다.
위선, 사기, 폭정이다.
– 프레데릭 윌리엄 로버트슨

There are three things in the world that deserve no mercy;
hypocrisy, fraud, and tyranny.
- *Frederick William Robertson*

프레데릭 윌리엄 로버트슨(Frederick William Robertson, 1816~1853)
19세기 영국의 신학자. 옥스퍼드에서 신학을 공부한 후 설교자로 활동했다. 뛰어난 설교 능력으로 '설교자들의 설교자'로 불렸다.

인간은 짓밟는 자는 아무것도 느끼지 못하도록 만들어졌다. 무슨 일이 일어나고 있는지 느끼는 사람은 짓밟히는 자다. 억압받는 자의 편에 서서 그들과 함께 느끼지 않는 한, 결코 이해할 수 없다.

– 시몬 베유

Human beings are so made that the ones who do the crushing feel nothing; it is the person crushed who feels what is happening. Unless one has placed oneself on the side of the oppressed, to feel with them, one cannot understand.
- *Simone Weil*

시몬 베유(Simone Weil, 1909~1943)
프랑스의 철학가, 정치 사상가. 전쟁에 반대하고 사회 약자와 노동자를 위해 투쟁했던 사회운동가이다.

개인에게서 광기를 보기는 드문 일이다. 그러나 집단, 정당,
민족, 시대에는 거의 예외없이 광기가 존재한다.

– 프리드리히 니체

In individuals, insanity is rare; but in groups, parties, nations,
and epochs it is the rule.
- *Friedrich Nietzsche*

프리드리히 니체(Friedrich Nietzsche, 1844~1900)
19세기 독일의 철학자이자 사상가.

역사를 통틀어, 행동할 수 있었던 사람들이 행동하지 않은 것, 더 잘 알아야 했을 사람들의 무관심, 가장 중요했던 순간에 정의의 목소리가 침묵한 것 등이 악의 승리를 가능하게 했습니다.

– 하일레 셀라시에

Throughout history, it has been the inaction of those who could have acted; the indifference of those who should have known better; the silence of the voice of justice when it mattered most; that has made it possible for evil to triumph.

- *Haile Selassie*

하일레 셀라시에(Haile Selassie, 1892~1975)
에티오피아 제국의 마지막 황제. 한국전쟁이 발발했을 때, 이해득실을 따지지 않고 '오직 침략으로부터 자유를 지킨다'는 명분 하나로 한국을 위해 파병하였다.

세상이 침묵할 때, 단 한 목소리라도 강력해진다.
– 말랄라 유사프자이

When the world is silent, even one voice becomes powerful.
- *Malala Yousafzai*

말랄라 유사프자이(Malala Yousafzai, 1997~)
파키스탄의 여성 교육 운동가이자, 만 17세 나이에 노벨평화상(2014)을 받은 최연소 수상자. 파키스탄에서 아동과 여성의 교육받을 권리를 외치다가 머리에 총격 습격을 받았으나 기적적으로 살아나 중동 지역의 여성 인권 운동에 앞장서고 있다.

우리는 편을 들어야 합니다. 중립은 압제자를 도울 뿐, 피해자를 돕지 않습니다. 침묵은 괴롭히는 자를 격려할 뿐, 고통받는 자를 격려하지 않습니다. 때때로 우리는 개입해야 합니다. 인간의 생명이 위험에 처했을 때, 인간의 존엄성이 위태로울 때, 국가적 경계와 민감성은 무의미해집니다.

– 엘리 비젤

We must take sides. Neutrality helps the oppressor, never the victim. Silence encourages the tormentor, never the tormented. Sometimes we must interfere. When human lives are endangered, when human dignity is in jeopardy, national borders and sensitivities become irrelevant.

- *Elie Wiesel*

엘리 비젤(Elie Wiesel, 1928~2016)
루마니아 태생의 미국 작가. 홀로코스트의 생존자로서 당시의 이야기를 회고록 <밤>으로 출판하였고, 폭력과 억압, 인종 차별 철폐 투쟁에 기여한 공로로 노벨평화상(1986)을 수상했다.

세상은 악을 행하는 자들에 의해 파괴되는 것이 아니라,
아무것도 하지 않고 지켜보는 자들에 의해 파괴될 것이다.

– 알베르트 아인슈타인

The world will not be destroyed by those who do evil, but by those who watch and do nothing.

- *Albert Einstein*

알베르트 아인슈타인(Albert Einstein, 1879~1955)
독일 출신 미국 국적의 인류 역사상 가장 위대한 이론물리학자. '상대성 이론', '광전 효과'로 유명하며
노벨물리학상(1921)을 수상하였다. 현대 물리학의 아버지로 평가받는다.

악은 무관심 위에서 번성하며 무관심 없이는 존재할 수 없다.

- 한나 아렌트

Evil thrives on apathy and cannot exist without it.
- *Hannah Arendt*

한나 아렌트(Hannah Arendt, 1906~1975)
독일에서 태어나 나치 박해를 피해 미국으로 망명하여 자유와 인간 존엄성을 역설하고 민주주의를
위협하는 전체주의를 체계적으로 분석해 비판한 20세기 저명한 정치 철학자.

우리는 수많은 크고 작은 불의를 볼 때마다 생각한다. '끔찍하다고.' 하지만 우리는 아무것도 하지 않는다. 아무 말도 하지 않는다. 그저 다른 사람들이 알아서 싸워줄 때까지 내버려둔다. 우리는 침묵한다. 침묵이 더 쉽기에. 'Qui tacet consentire videtur.'는 라틴어로 '침묵은 동의로 본다.'는 뜻이다. 우리가 아무 말도 하지 않고, 아무것도 하지 않는 것은 우리를 향한 이런 범죄에 동의하는 것이다.

– 록산 게이

All too often, when we see injustices, both great and small, we think, That's terrible, but we do nothing. We say nothing. We let other people fight their own battles. We remain silent because silence is easier. Qui tacet consentire videtur is Latin for 'Silence gives consent.' When we say nothing, when we do nothing, we are consenting to these trespasses against us.

- *Roxane Gay*

록산 게이(Roxane Gay, 1974~)
미국의 정치, 사회의 여러 이슈에 비판적 목소리를 내는 칼럼니스트이자 문화비평가이다.

불의를 보고도 침묵하는 것은 압제자와 공모하는 것이다.
- 지네타 세이건

Silence in the face of injustice is complicity with the oppressor.
- *Ginetta Sagan*

지네타 세이건(Ginetta Sagan, 1925~2000)
이탈리아 태생 인권운동가. 제2차 세계대전 당시 파시스트 통치에 반대하는 저항 운동을 하다 붙잡혀
숱한 고문을 당한 후 미국으로 망명하여 인권운동가로 활동하였다.

악의 승리를 위해 필요한 유일한 것은 선한 사람이 아무것
도 하지 않는 것이다.

– 에드먼드 버크

The only thing necessary for the triumph of evil is for good men
to do nothing.
- *Edmund Burke*

에드먼드 버크(Edmund Burke, 1729~1797)
18세기 영국의 철학자, 정치인. 오늘날 현대 보수주의의 창시자로 평가받는다.

정의란 옳고 그름 사이에서 중립을 지키는 것이 아니라, 옳은 것을 찾아내어 어디에서든 그른 것에 맞서 수호하는 것이다.

– 시어도어 루스벨트

Justice consists not in being neutral between right and wrong, but finding out the right and upholding it, wherever found, against the wrong.
- *Theodore Roosevelt*

시어도어 루스벨트(Theodore Roosevelt, 1858~1919)
미국의 제26대 대통령. 러일전쟁을 종식시키는 데 기여한 공로로 미국인 최초로 노벨상(평화상, 1906)을 수상하였다.

권력에 대한 견제가 없고 소수에게만 정의가 보장되는 곳에서는 민주주의가 번창할 수 없습니다. 이러한 외침을 무시하고 이 운동에 응답하지 않는 것은 단순히 선택 사항이 아닙니다. 정의가 실현되지 않는 곳에서는 평화가 존재할 수 없기 때문입니다.

– 존 로버트 루이스

A democracy cannot thrive where power remains unchecked and justice is reserved for a select few. Ignoring these cries and failing to respond to this movement is simply not an option–for peace cannot exist where justice is not served.
- *John Robert Lewis*

존 로버트 루이스(John Robert Lewis, 1940~2020)
마틴 루터 킹 목사와 함께 1960년대 흑인 인권 운동을 이끌었던 미국의 사회운동가, 정치인.

지연된 정의는 거부된 정의다.
- 윌리엄 이워트 글래드스턴

Justice delayed is justice denied.
- *William Ewart Gladstone*

윌리엄 이워트 글래드스턴(William Ewart Gladstone, 1809~1898)
영국의 총리이자 정치인. 41대부터 무려 4차례에 걸쳐 영국 총리직을 역임하였으며, 영국사에서 위
대한 총리 중 한 명으로 꼽힌다.

결국 용기란 두려움을 느끼지 않는 것이 아니라, 두려움에도 불구하고 해야 할 일을 하는 것입니다.

− 제임스 레너드 파머 주니어

Courage, after all, is not being unafraid, but doing what needs to be done in spite of fear.
- *James Leonard Farmer, Jr.*

제임스 레너드 파머 주니어(James Leonard Farmer, Jr., 1920~1999)
미국의 시민권 운동가이자 비폭력 시위를 통해 인종 차별을 해소하고자 노력한 인권운동가이다.

용기는 모든 미덕 중에서 가장 중요한 것입니다. 왜냐하면 용기가 없다면 다른 미덕을 일관되게 실천할 수 없기 때문입니다.

– 마야 안젤루

Courage is the most important of all the virtues because without courage, you can't practice any other virtue consistently.
- *Maya Angelou*

마야 안젤루(Maya Angelou, 1928~2014)
미국의 시인, 작가. 인종 차별에 대한 저항, 사회적 평등과 인간의 존엄성 등에 대해 문학 작품을 통해서뿐 아니라 인권 운동가로서의 적극적인 행동을 통해 보여줬다.

나는 어려움 속에서도 미소 짓는 사람, 괴로움에도 힘을 모으는 사람, 성찰을 통해 용감해지는 사람을 사랑한다. 마음이 작은 사람은 움츠러들기만 하나, 마음이 굳건하고 양심에 행동을 맡긴 사람은 죽음 앞에서도 자신의 원칙을 따를 것이다.

– 토머스 페인

I love the man that can smile in trouble, that can gather strength from distress, and grow brave by reflection. It is the business of little minds to shrink, but he whose heart is firm, and whose conscience approves his conduct, will pursue his principles unto death.

- *Thomas Paine*

토머스 페인(Thomas Paine, 1737~1809)
영국 출신의 미국의 사상가. 미국 독립의 도화선이 된 인물로 평등권 주장으로 영국의 군주제를 비판하며 미국이 독립된 헌법으로 민주주의 국가를 수립하는 것에 큰 영향을 끼쳤다.

자유란 그것을 수호할 용기를 가진 사람만이 확실히 소유
할 수 있는 것이다.

− 페리클레스

Freedom is the sure possession of those alone who have the
courage to defend it.
- *Pericles*

페리클레스(Pericles, BC495~BC429)
고대 아테네의 정치인이자 아테네 민주주의와 제국의 전성기를 이끈 초대 지도자.

나는 내가 바꿀 수 없다는 상황을 더 이상 받아들이지 않
는다. 나는 내가 받아들일 수 없는 것들을 바꾸고 있다.

– 안젤라 이본 데이비스

I am no longer accepting the things I cannot change. I am
changing the things I cannot accept.
- *Angela Y. Davis*

안젤라 이본 데이비스(Angela Yvonne Davis, 1944~)
흑인 인권, 시민권 운동을 해온 미국의 정치 활동가이자 학자.

나 혼자서는 세상을 바꿀 수 없지만, 물 위에 돌을 던져서
많은 파장을 일으킬 수는 있습니다.

– 테레사 수녀

I alone cannot change the world, but I can cast a stone across the
waters to create many ripples.
- *Mother Teresa*

테레사 수녀(Mother Teresa, 1910~1997)
주로 인도에서 활동한 로마 가톨릭교회의 수녀이자 성녀. 가난한 사람들을 대변하는 인도주의자, 사
회운동가로 활동하였으며 노벨평화상(1979)을 수상하였다.

행동하는 것, 우리가 변화를 만들 수 있음을 깨닫는 것이 중요하며, 이는 다른 사람들의 행동을 격려할 것입니다. 그러면 우리는 혼자가 아님을 깨닫게 되고 우리가 쌓은 행동들이 진정으로 더 큰 변화를 만듭니다. 이것이 우리가 빛을 퍼뜨리는 방법입니다. 그리고 물론 이것은 우리 모두를 더욱 희망적으로 만듭니다.

– 제인 구달

It is important to take action and to realize that we can make a difference, and this will encourage others to take action and then we realize we are not alone and our cumulative actions truly make an even greater difference. This is how we spread the Light. And this, of course, makes us all even more hopeful.
- *Jane Goodall*

제인 구달(Jane Goodall, 1934~)
'침팬지의 어머니'라는 별칭으로도 불리는 영국의 동물학자이자 환경운동가. 인간이 지구의 모든 생명체와 조화롭게 공생하며 자연과 연대해 살 것을 주장한다.

나 자신을 해방하면 다른 사람들도 해방됩니다. 당신이 말
하지 않으면 아무도 당신을 위해 말하지 않을 것입니다.

– 패니 루 해머

When I liberate myself, I liberate others. If you don't speak out
ain't nobody going to speak out for you.
- *Fannie Lou Hamer*

패니 루 해머(Fannie Lou Hamer, 1917~1977)
미국 시민권 운동가이자 인종 차별을 없애고 흑인 인권과 투표권을 위해 힘쓴 여성 정치인.

우리 힘의 유일하고 기본적인 원천은 노동자, 농민, 지식인들의 연대이며, 국가의 연대이고, 존엄성과 진실, 양심에 따른 조화를 이루며 살고자 하는 사람들의 연대입니다.

– 레흐 바웬사

The sole and basic source of our strength is the solidarity of workers, peasants and the intelligentsia, the solidarity of the nation, the solidarity of people who seek to live in dignity, truth, and in harmony with their conscience.

- *Lech Walesa*

레흐 바웬사(Lech Walesa, 1943~)
폴란드 대통령이자 노동운동가. 공산주의 체제에서 노동조합을 결성하고 정부의 탄압 속에서도 노동운동가로 활동하였다. 민주화 운동으로 노벨평화상(1983)을 수상하였으며 민주적 절차로 대통령으로 선출되었다.

혼자라면 할 수 있는 일이 거의 없지만, 함께라면 많은 일을 할 수 있습니다.

– 헬렌 켈러

Alone we can do so little; together we can do so much.
- *Helen Keller*

헬렌 켈러(Helen Keller, 1880~1968)
미국의 교육자이자 사회운동가. 어린 시절 시력과 청력을 잃고 언어 장애까지 생겼으나 모든 장애를 극복하고 장애인, 노동자의 권리를 보호하고 사회적 변화를 위한 운동에 적극적으로 활동했다.

당신이 소중하게 여기는 것들을 위해 싸우되, 다른 사람들
이 함께할 수 있도록 이끄는 방식으로 싸우세요.

– 루스 베이더 긴즈버그

Fight for the things that you care about, but do it in a way that
will lead others to join you.
- *Ruth Bader Ginsburg*

루스 베이더 긴즈버그(Ruth Bader Ginsburg, 1933~2020)
여성의 권리와 사회 정의를 위해 헌신한 미국 연방대법관. 미국 역사상 두 번째 여성 대법관이며 부당
한 차별과 불평등 해소를 위해 애썼다.

당신이 유일무이하다는 것을 절대 잊지 마세요. 당신만의 고유성이 이 세상에 필요가 없다면, 처음부터 당신은 여기 있지 않았을 거라는 사실을 절대 잊지 마세요. 그리고 인생의 역경과 문제가 아무리 압도적으로 보여도, 한 사람이 세상을 변화시킬 수 있다는 것을 절대 잊지 마세요. 사실, 세상에서 중요한 모든 변화는 항상 한 사람 때문에 일어납니다. 그러니 그 한 사람이 되세요.

– 리처드 벅민스터 풀러

Never forget that you are one of a kind. Never forget that if there weren't any need for you in all your uniqueness to be on this earth, you wouldn't be here in the first place. And never forget, no matter how overwhelming life's challenges and problems seem to be, that one person can make a difference in the world. In fact, it is always because of one person that all the changes that matter in the world come about. So be that one person.
- R. Buckminster Fuller

리처드 벅민스터 풀러(Richard Buckminster Fuller, 1895~1983)
독창적인 발상으로 디자인, 건축, 미래학 등 다양한 분야에서 인류의 삶을 개선하는 기술을 연구하고 발명한 미국의 건축가이자 발명가.

중요한 것은 행동이지 행동의 결과가 아닙니다. 당신은 옳은 일을 해야 합니다. 당신의 힘으로는, 그리고 당신의 시간 안에서는 어떠한 결실도 얻지 못할 수도 있습니다. 하지만 그것이 당신이 옳은 일을 하는 것을 멈추는 것을 뜻하는 것은 아닙니다. 당신의 행동에 따른 결과가 어떠할지 전혀 모를 수도 있습니다. 하지만 아무것도 하지 않는다면, 결과는 없을 것입니다.

– 마하트마 간디

It's the action, not the fruit of the action, that's important. You have to do the right thing. It may not be in your power, may not be in your time, that there'll be any fruit. But that doesn't mean you stop doing the right thing. You may never know what results come from your action. But if you do nothing, there will be no result.

- *Mahatma Gandhi*

마하트마 간디(Mahatma Gandhi, 1869~1948)
인도의 정치인이자 독립운동가. 영국의 식민 통치에서 비폭력주의로 저항한 것으로 유명하다.

당신이 무언가를 믿는다면, 그것을 위해 싸우세요. 그리고 불의를 보면, 지금까지 싸운 것보다 더 열심히 싸우세요.

– 브래드 멜처

When you believe in something, fight for it. And when you see injustice, fight harder than you've ever fought before.
- *Brad Meltzer*

브래드 멜처(Brad Meltzer, 1970~)
미국의 소설가이자 만화가, 시나리오 작가. 아동 그림책부터 정치 스릴러 소설, 논픽션까지 여러 장르에서 작품 활동을 하는 베스트셀러 작가이다.

활동가는 강이 더럽다고 말하는 사람이 아닙니다.
활동가는 강을 청소하는 사람입니다.

– 헨리 로스 페로

The activist is not the man who says the river is dirty. The activist
is the man who cleans up the river.

- *Henry Ross Perot*

헨리 로스 페로(Henry Ross Perot, 1930~2019)
미국의 사업가이자 정치인. 자수성가로 억만장자가 되었고 도전이라는 열정으로 비주류 정치인이라
는 한계에도 무소속으로 대통령 선거에 출마하였으나 낙선하였다.

우리 삶의 진짜 적은 '만약'과 '그래야 한다'입니다.
그것들은 우리를 바꿀 수 없는 과거로 끌어당기고 예측할
수 없는 미래로 밀어버립니다. 하지만 진짜 삶은 '여기'와
'지금'에 있습니다.

– 헨리 나우웬

The real enemies of our life are the 'oughts' and the 'ifs.' They
pull us backward into the unalterable past and forward into the
unpredictable future. But real life takes place in the here and
now.
- *Henri Nouwen*

헨리 나우웬(Henri Nouwen, 1932~1996)
네덜란드 출신의 로마 가톨릭 사제이자 저술가. 인간을 더 깊이 이해하고자 미국에서 심리학을 공부
한 후 하버드 신학부 교수로 활동하다가 캐나다에서 지적 장애인들을 돌보며 말년을 보냈다.

모두가 세상을 바꾸는 것을 생각한다.
아무도 자신을 바꾸는 것을 생각하지 않는다.

– 레프 톨스토이

Everyone thinks of changing the world. No one thinks of changing himself.

- *Leo Tolstoy*

레프 톨스토이(Leo Tolstoy, 1828~1910)
러시아의 소설가이자 사상가. 현실주의 소설의 대가이자 비폭력주의, 평화주의를 실천하기 위해 노력했다.

변화는 사람들이 평화적인 시민 불복종 행위를 기꺼이 저지를 때 찾아온다.

- 게일 브래드브룩

Change comes when people are willing to commit acts of peaceful civil disobedience.
- *Gail Bradbrook*

게일 브래드브룩(Gail Bradbrook, 1972~)
영국의 환경운동가. 기후변화 방지 운동단체인 '멸종저항'의 창립자. 환경 파괴, 기후 위기를 알리는 다양한 형태의 시위를 벌이다가 체포되기도 하였다.

폭력은 무능한 자의 마지막 피난처이다.

– 아이작 아시모프

Violence is the last refuge of the incompetent.
- *Isaac Asimov*

아이작 아시모프(Isaac Asimov, 1920~1992)
소련 태생 미국인으로 화학 박사이자 SF 소설의 대표 거장이다.

나는 도덕적인 이유가 아니라 정치적이고 실용적인 이유
로 비폭력을 고수합니다.

- 아웅 산 수 치

I do not hold to non-violence for moral reasons, but for political
and practical reasons.
- *Aung San Suu Kyi*

아웅 산 수 치(Aung San Suu Kyi, 1945~)
미얀마의 민주화 운동가이자 정치인이다. 민주화 운동의 공적으로 노벨평화상(1991)을 수상하였다.

당신은 나라가 당신을 위해 무엇을 할 수 있는지 묻는 정치인입니까? 아니면 당신이 나라를 위해 무엇을 할 수 있는지 묻는 열정을 가진 정치인입니까? 만약 전자라면 당신은 기생충이고, 후자라면 당신은 사막 속의 오아시스입니다.

- 칼릴 지브란

Are you a politician asking what your country can do for you or a zealous one asking what you can do for your country? If you are the first, then you are a parasite; if the second, then you are an oasis in the desert.
- *Khalil Gibran*

칼릴 지브란(Khalil Gibran, 1883~1931)
레바논에서 태어난 미국의 시인이자 작가. 삶의 지혜를 깨우쳐 주고 인류의 평화와 화합을 바라는 작품들을 썼다.

팔짱을 끼고 뒤로 물러서지 마십시오. 앞으로 나아가십시오. 폭력 없이 불의에 저항하고 평화를 증진할 수 있는 희망과 빛이 있습니다.

– 아돌포 페레스 에스키벨

Don't stand back with your arms folded; step forward. There is hope and light to resist injustice and promote peace without violence.

- *Adolfo Perez Esquivel*

아돌포 페레스 에스키벨(Adolfo Perez Esquivel, 1931~)
아르헨티나의 사회운동가로 아르헨티나의 군부 독재 정권에 반대 운동을 하다 붙잡혀 고문을 당했다. 인권 수호에 기여한 공로로 노벨평화상(1980)을 수상했다.

희망에게는 두 명의 아름다운 딸이 있다.
그들의 이름은 분노와 용기이다.

– 성 아우구스티누스

Hope has two beautiful daughters; their names are Anger and
Courage.
- *Saint Augustine*

성 아우구스티누스(Saint Augustine, 354~430)
고대 로마의 기독교 신학자이자 철학자.

정의는 양심입니다. 개인의 양심이 아니라 인류 전체의 양심입니다. 자기 양심의 목소리를 분명히 알아차리는 사람들은 보통 정의의 목소리도 알아차립니다.

– 알렉산드르 솔제니친

Justice is conscience, not a personal conscience but the conscience of the whole of humanity. Those who clearly recognize the voice of their own conscience usually recognize also the voice of justice.

- *Alexander Solzhenitsyn*

알렉산드르 솔제니친(Alexander Solzhenitsyn, 1918~2008)
'러시아의 양심'이라고도 불린 러시아의 작가이자 역사학자. 제2차 세계대전 당시 스탈린을 비판하는 편지를 썼다가 투옥돼 8년간 수용소 생활을 했다. 강제 노동 수용소의 참상을 적나라하게 드러낸 작품들을 썼고 노벨문학상(1970)을 수상하였다.

모든 국가는 그 수준에 걸맞은 정부를 갖는다.

- 조제프 드 메스트르

Every nation gets the government it deserves.
(Toute nation a le gouvernement qu'elle mérite.)
- *Joseph de Maistre*

조제프 드 메스트르(Joseph de Maistre, 1753~1821)
프랑스계 이탈리아 사상가로 이탈리아 북부 사르데냐 왕국의 외교관으로 활동했으며 러시아 제국의
대사를 지내기도 했다.

민주주의에서 한 유권자의 무지는 모두의 안전을 위협합 니다.

- 존 F. 케네디

The ignorance of one voter in a democracy impairs the security of all.
- *John F. Kennedy*

존 F. 케네디(John F. Kennedy, 1917~1963)
미국의 제35대 대통령으로 역대 최연소 나이(43세)에 당선된 대통령이다. 핵전쟁으로 번질 위험이 있던 쿠바 위기를 해결하기도 했다. 총격 암살로 생을 마감했다.

정치에 관심을 가져라. 그렇지 않으면 정치가 너를 괴롭힐 것이다.

– 랠프 네이더

Turn on to politics, or politics will turn on you.
- *Ralph Nader*

랠프 네이더(Ralph Nader, 1934~)
미국의 변호사, 정치인. 1960년대 소비자 운동을 이끈 미국 사회운동가이다. 기업의 부정부패를 폭로하고 소비자를 위한 법률을 제정하는 등 미국의 시민 운동을 이끌었다.

모든 독재자가 언론의 자유라는 사다리를 타고 권력을 잡았다는 것은 역설적이다. 독재자들은 권력을 잡자마자 자신의 언론을 제외한 모든 언론의 자유를 억압했다.

– 허버트 후버

It is a paradox that every dictator has climbed to power on the ladder of free speech. Immediately on attaining power each dictator has suppressed all free speech except his own.

- *Herbert Hoover*

허버트 후버(Herbert Hoover, 1874~1964)
미국의 제31대 대통령. 제1차 세계대전 때 난민 구제위원회를 만들어 인도적 지원 활동을 한 박애주의자이자 유능한 행정가였다.

인간의 진보는 자동적이거나 필연적이지 않습니다. 정의라는 목표를 향한 모든 단계에는 희생, 고통, 투쟁이 필요합니다. 헌신적인 개인의 끊임없는 노력과 열정적인 관심이 필요합니다.

– 마틴 루터 킹 주니어

Human progress is neither automatic nor inevitable. Every step toward the goal of justice requires sacrifice, suffering, and struggle; the tireless exertions and passionate concern of dedicated individuals.
- *Marin Luther King, Jr.*

마틴 루터 킹 주니어(Marin Luther King, Jr., 1929~1968)
미국의 목사이자 인권 운동가. 비폭력 평화주의자로 모든 미국인의 존경을 받는 인물이다.

우리가 알고 있는 가장 아름다운 사람들은 패배를 알고, 고통을 알고, 투쟁을 알고, 상실을 알고, 그러한 심연에서 벗어날 길을 찾은 사람들입니다.

– 엘리자베스 퀴블러 로스

The most beautiful people we have known are those who have known defeat, known suffering, known struggle, known loss, and have found their way out of those depths.

- *Elisabeth Kübler Ross*

엘리자베스 퀴블러 로스(Elisabeth Kübler-Ross, 1926~2004)
스위스계 미국인 정신과 의사. 인간의 죽음에 관한 연구에 평생을 헌신한 전 세계 호스피스 운동의 선구자이다.

그럼에도 불구하고, 나는 냉소주의를 거부하고 진정한 민주주의의 가능성을 여전히 믿는다.

– 윌리엄 그라이더

Nevertheless, I resist cynicism and continue to believe in the possibilities for genuine democracy.
- *William Greider*

윌리엄 그라이더(William Greider, 1936~2019)
미국의 저널리스트이자 작가.

우리 민주주의에서 대통령보다 더 높은 직함은 시민이라
는 직함뿐입니다.

– 루이스 브랜다이스

The only title in our democracy superior to that of President is
the title of citizen.
- *Louis D. Brandeis*

루이스 브랜다이스(Louis D. Brandeis, 1856~1941)
미국 대법원 연방대법관을 지낸 미국 변호사. 사생활 권리의 주창자이며 노동법을 통해 기업들과 맞
서 '국민의 변호사'라는 별칭을 얻기도 했다.

화해에는 정의가 동반해야 합니다. 그렇지 않으면 오래가지 못할 것입니다. 우리 모두는 평화를 바라지만, 그 평화는 어떠한 대가를 치러서라도 얻는 평화가 아니라 원칙과 정의에 기반한 평화여야 합니다.

– 코라손 아키노

Reconciliation should be accompanied by justice, otherwise it will not last. While we all hope for peace it should not be peace at any cost but peace based on principle, on justice.
- *Corazon Aquino*

코라손 아키노(Corazon Aquino, 1933~2009)
필리핀의 제11대 대통령이자 독재 정권 이후 첫 번째 민선 대통령. 아시아 최초의 여성 대통령이다.

자유롭고 자존심이 강하며 자주적인 시민이 없다면, 자유롭고 독립적인 국가는 있을 수 없습니다. 내적 평화, 즉 시민들 사이의 평화와 시민과 국가 간의 평화가 없다면, 외적 평화를 보장할 수 없습니다.

– 바츨라프 하벨

Without free, self-respecting, and autonomous citizens there can be no free and independent nations. Without internal peace, that is, peace among citizens and between the citizens and the state, there can be no guarantee of external peace.
- *Vaclav Havel*

바츨라프 하벨(Vaclav Havel, 1936~2011)
체코의 극작가이자 인권 운동가. '프라하의 봄' 사건 때 정치적 탄압에 맞섰다가 5년의 징역형을 선고받았다. 자유선거를 통해 체코 공화국의 초대 대통령으로 선출되었다.

투표하지 않으면 모든 것이 그대로입니다. 하늘이 노랗게 변하거나 달이 파랗게 변할 때까지 시위할 수는 있겠지만, 투표하지 않으면 아무것도 바뀌지 않습니다.

– 돌로레스 후에르타

If people don't vote, everything stays the same. You can protest until the sky turns yellow or the moon turns blue, and it's not going to change anything if you don't vote.
- *Dolores Huerta*

돌로레스 후에르타(Dolores Huerta, 1930~)
1960~70년대 농장에서 일하는 노동자들의 노동권과 인권 운동을 이끌었던 미국의 여성 인권운동가.

투표용지는 총알보다 강하다.

– 에이브러햄 링컨

The ballot is stronger than the bullet.

- *Abraham Lincoln*

에이브러햄 링컨(Abraham Lincoln, 1809~1865)
미국의 제16대 대통령으로 노예해방선언으로 노예제를 폐지하였으며 남북전쟁이라는 큰 위기의 시
기에 국가와 민족의 분열을 막았다. 총격 암살로 생을 마감했다.

민주주의가 작동하려면 단순한 관찰자가 아닌 참여자의 국가가 되어야 한다. 투표하지 않는 사람은 불평할 권리가 없다.

– 루이스 라무르

To make democracy work, we must be a nation of participants, not simply observers. One who does not vote has no right to complain.
- *Louis L'Amour*

루이스 라무르(Louis L'Amour, 1908~1988)
미국의 소설가로 100편 이상의 책을 쓰고 2억 부 이상 판매한 베스트셀러 작가이다. 서부 개척 시대 작품은 영화로도 만들어져 많은 사랑을 받았다.

어느 날, 돌이켜보면, 그동안의 투쟁이 당신에게 가장 아름다웠던 시간으로 느껴질 것입니다.

– 지크문트 프로이트

One day, in retrospect, the years of struggle will strike you as the most beautiful.
- *Sigmund Freud*

지크문트 프로이트(Sigmund Freud, 1856~1939)
오스트리아의 심리학자로 정신분석학의 창시자이다.

나와 세상을 바꾸는 참여의 힘 **정치 명언 필사**

1판 1쇄 펴냄   2025년 4월 3일

지은이   WG Contents Group

펴낸곳   ㈜북핀
등록   제2021-000086호(2021. 11. 9)
주소   경기도 부천시 조마루로385번길 92
전화   032-240-6110 / **팩스**   02-6969-9737

ISBN   979-11-91443-35-6 03190
값   12,000원